BANQUE AGRICOLE.

ORDRE DES MATIÈRES.

BANQUE AGRICOLE.

PROJET
DE
BANQUE AGRICOLE

POUR VENIR AU SECOURS DE L'AGRICULTURE
EN LUI OUVRANT UN CRÉDIT PERMANENT QUI SOIT EN RAPPORT
AVEC SES BESOINS ET SES MOYENS DE REMBOURSEMENT;

Par M. Auguste Bonnal,
ANCIEN SOUS-PRÉFET.

PARIS.
IMPRIMERIE ET FONDERIE DE RIGNOUX ET Cie,
RUE DES FRANCS-BOURGEOIS-S.-MICHEL, 8.
1835.

OBSERVATION PRÉLIMINAIRE.

Ce projet de Banque agricole n'indique que ses bases et peu de détails; mais ce que j'en dis suffira pour que M. le Ministre du commerce, auquel je l'adresse, en apprécie toute l'importance. Après lui, les personnes qui le liront désireraient peut-être connaître tout son mécanisme par un plus grand développement. Composé de plusieurs intérêts, il convient que chacun d'eux soit à présent séparé.

Je dois dire d'abord dans quelles intentions j'ai conçu mon projet. J'ai voulu secourir l'agriculture et son industrie dans leurs besoins sans cesse renouvelés, et je ne pouvais l'entreprendre qu'en cherchant à leur ouvrir un crédit peu coûteux et toujours sous la main.

Je n'ai vu dans l'agriculture que le travail qui avait besoin d'être encouragé, et des hommes laborieux qui ne pouvaient améliorer leur sort. Parcourant les départements, j'ai vu des terrains incultes ou mal cultivés, qui feraient le bonheur de ceux qui pourraient leur faire quelques avances; enfin, voyant partout des richesses cachées qui ne demandaient qu'à être mises au jour par le travail, j'ai redoublé de zèle pour remédier à cet état de choses.

Dans ma pensée, je ne pouvais confondre l'agriculture avec la propriété : l'une est toute production, l'autre est par elle-même sans vie. Le meilleur terrain ne produit pas davantage que le plus mauvais s'il n'est pas cultivé : c'est donc le travail qui donne la valeur; or lui seul pouvait me guider.

Mais le travail des champs n'est pas toute l'agriculture ; elle s'étend à l'industrie agricole. La première, comme celle-ci, demande de l'intelligence, et pour l'une comme pour l'autre il faut des capitaux, car elles ont également à faire des avances.

Toutes deux y trouvent de grands avantages en donnant un plus grand prix à la propriété, occupant plus de bras, procurant une meilleure existence; tandis que le capital de ces avances se double en peu d'années.

Si la propriété a des besoins, elle les doit à l'oisiveté, souvent à la dissipation. Je l'ai donc exclue de toute participation au crédit agricole que je désire créer.

D'autres se sont occupés de ses besoins. La Banque territoriale qui n'est plus, et la Caisse hypothécaire qui languit, ont fait la triste expérience qu'on ne doit prêter qu'aux choses qui produisent.

Ce peu de mots suffisent pour faire voir que j'ai suivi une autre route que les créateurs de ces établissements, et que mon projet doit être nouveau, puisque, pour la première fois, on aura cherché à créer un crédit à l'agriculture.

AUGUSTE BONNAL.

BANQUE AGRICOLE.

EXPOSÉ DU PROJET.

La France industrielle fait tous les jours des progrès. Ce mouvement progressif de l'industrie est parvenu dans les campagnes où il tend à développer toutes les richesses de l'agriculture, si importantes pour les peuples.

Des hommes éclairés, amis de leur pays, s'occupent sur tous les points d'économie agricole; tous, en proposant des améliorations, reconnaissent que les capitaux manquent à l'agriculture et au développement de son industrie. Ceux qui mettent la main à l'œuvre ne l'écrivent pas, mais ne cessent de le dire.

D'autres se sont occupés des embarras de la propriété, et, pour lui faire des avances, lui ont demandé son propre gage, sans penser peut-être que c'était lui préparer sa ruine. Si elle doit par hypothèque le quart de sa valeur, elle a beau faire, elle est perdue sans un secours inattendu. Comme propriété, si elle emprunte la dixième partie seulement de sa valeur, ce n'est que par de grandes et sévères économies qu'elle peut se libérer, à moins qu'elle ne se joigne à l'agriculture. Les emprunts modérés qu'elle fait alors d'après les saisons et ses cultures, augmentant par des améliorations ses revenus et sa valeur, elle ne craint pas de faire des avances productives.

Mais ce n'est pas ainsi que l'ont compris ceux qui ont voulu prêter à la propriété. En lui prêtant, ils l'ont dépouillée de tous ses prestiges. Ils n'ont vu que ses garanties et l'avantage de placer des capitaux dont la difficulté du remboursement leur rendrait sa possession probable.

Il y a toujours dans ces calculs quelque mécompte; car la propriété qui marche à sa ruine doit causer des pertes à ceux qui lui prêtent, malgré l'expropriation à laquelle ils ont recours. On n'ignore plus à présent qu'il n'y a que l'argent prêté pour produire, qui soit d'un paiement facile pour le capital et les intérêts.

Ces considérations portaient trop en elles-mêmes la nécessité d'adopter des bases nouvelles pour nous y méprendre. Des besoins mieux étudiés et un sentiment généreux nous ont tracé la marche que nous avions à suivre.

Jusqu'à présent on n'a marché que dans un vague obscur en s'occupant des besoins de l'agriculture : on n'a point abordé le mal pour y remédier. Ceux qui ont eu des idées généreuses n'en ont pas fait une bonne application, et ceux qui n'ont agi que par intérêt sont tombés dans l'aveuglement d'une ambition mal calculée.

En partant de ces observations, nous devons nous expliquer sur la nature de notre travail. Nous avons distingué la propriété de l'agriculture pour ne nous occuper qu'à secourir celle qui produit, pour lui donner un plus grand développement, et pour qu'elle donne à son tour plus de valeur à la propriété foncière. Nous avons encore désiré que le sort des populations nombreuses qui s'occupent de ses travaux fût amélioré. Ainsi la propriété est pour nous en dehors du grand objet qui nous occupe, mais elle y rentre par les conséquences qui doivent résulter des progrès de l'agriculture.

La fortune d'un pays n'est pas dans les trop grandes possessions; elle est dans le travail et l'aisance de ceux qui les occupent, et celle-là est la plus désirable de toutes. Les richesses commerciales ont de l'éclat; celles de l'industrie agricole, plus modestes, chassent les tourments d'esprit et procurent toujours le véritable bonheur. Que l'agriculture d'un état soit florissante et la propriété libre, il n'y a pas de fortune plus solide, et qui en fasse plus la force.

Nos principes d'économie politique se sont portés sur la production : c'est elle qui doit recevoir nos encouragements; c'est celle qui résulte de toutes les cultures, de tous les produits, et que l'habitude concentre encore trop dans les départements qui s'en sont les premiers occupés; c'est celle qui provient des troupeaux améliorés, des basses-cours mieux fournies, des laiteries plus abondantes et des vergers mieux soignés. Ce n'est pas l'intelligence qui manque pour obtenir de plus grands et de meilleurs produits, mais des avances de capitaux.

Malgré le sol favorable de la France, son climat heureux, sa grande population, ses rivières et ses canaux, la fusion qui s'opère tous les jours du langage et des goûts, l'agriculture n'est pas ce qu'elle devrait être si nous la comparons à la Saxe et à l'Angleterre. Chez nous, nous ne voyons pas l'aisance qu'elle devrait produire. Des chaumières sans propreté couvrent les campagnes, et des paysans couverts de misère les peuplent encore. Des attelages sans vigueur sillonnent même les champs de la moitié de nos provinces.

Sans doute de grands terrains ont été mis en culture depuis quelques années, mais combien d'autres pourraient être cultivés qui ne le sont pas faute de capitaux. Nous savons qu'il y a à présent un plus grand nombre de personnes riches et instruites qui s'occupent de la science des champs et surtout de leurs produits; mais si l'agriculture avait de plus grands moyens d'agir, elle marcherait plus rapidement à la prospérité.

Toutes les professions exercées maintenant dans les villes, ont déjà un trop-plein qui nuit à leur utilité, ou qui rend précaire l'état de ceux qui les embrassent. Plus active, plus heureuse, l'agriculture se peuplerait de jeunes gens qui seraient portés au travail et aux améliorations, et qui vont courir les chances, souvent improbables, de la fortune commerciale ou des arts libéraux.

Nous dirons donc encore une fois que l'agriculture a besoin d'être secourue, et que, privée de capitaux qui lui seraient nécessaires, elle fait en vain des efforts pour faire les améliorations qu'elle comprend.

USURE DANS LES CAMPAGNES.

Si on convient que l'agriculture manque de capitaux, on doit en avouer les conséquences, et dire que là où ils sont rares, les meilleures valeurs s'escomptent à gros intérêts, tombent dans les trafics de l'usure et souvent de l'expropriation pour la ruine des emprunteurs.

L'usure afflige particulièrement les campagnes; peu de communes en sont exemptes. Il y a de grands et de petits usuriers, et ceux qui s'en rendent coupables emploient des détours qui l'augmentent encore. Les uns s'en prennent aux récoltes pendantes, achètent aux cultivateurs des grains sur dépôts qui n'existent pas, et les autres prêtent à la propriété qu'ils convoitent. La plupart du temps l'usure est paresseuse, et c'est dans l'oisiveté qu'elle s'étudie à dépouiller le travail. Ce vice, loin de s'amortir par l'âge, s'accroît par l'expérience ; il détruit des qualités s'il pouvait y en avoir avec lui. Il envie jusqu'au dernier morceau de pain de celui qu'il a ruiné, et si on veut faire un rapprochement instructif, on peut le faire entre la moralité de celui qui poursuit une expropriation, et le propriétaire qu'on dépossède, entre celui dont on fait vendre les meubles, et celui qui n'a plus qu'une botte de paille pour coucher ! De tous ces droits acquis par la cupidité, de toutes ces rigueurs cruelles, si on en démêle le fond véritable, on n'y trouve que l'usure.

Les lois la punissent; mais les victimes qu'elle fait ne la dévoilent que lorsque le mal est consommé, alors qu'ils ont donné contre eux mêmes des armes de ruine et de misère. Ce n'est pas seulement la justice qui doit frapper l'usure; mais la réprobation de tous les gens de bien. Pour notre compte, nous chercherons à la détruire en créant et propageant un crédit agricole dont l'usage soit facile.

BESOINS DE L'AGRICULTURE ET DE SES EMPRUNTS.

Nous ne nous dissimulons pas jusqu'où peuvent s'élever les besoins de l'agriculture, et cependant nous espérons les satisfaire tous par la combinaison des moyens dont nous pourrons faire usage.

Ces besoins sont de tous les jours dans les années improductives, et plus ou moins grands dans le cours de toutes les autres. Si l'agriculture augmente ses travaux, si son industrie se développe, elle est plus souvent dans la nécessité de faire des avances, et tout nous fait croire alors qu'elles peuvent s'élever à deux années de revenu, ou dix fois le montant de l'impôt foncier qui en est à peu près l'équivalent.

Mais cette masse énorme de besoins n'est pas pour la totalité de l'impôt; elle se réduit naturellement à une proportion beaucoup moindre, résultant des positions diverses des cultivateurs, dont un grand nombre vit constamment dans l'aisance; et si nous en jugeons bien, il y aura rarement plus du sixième de cet impôt qui représentera les besoins de l'agriculture. C'est d'après cette probabilité que nous avons fixé le chiffre des crédits qui doivent lui être accordés dans les circonstances les plus fâcheuses, mais heureusement rares.

Des observations souvent répétées nous ont fait voir que l'agriculture faisait des pertes, qu'elle avait besoin de faire des améliorations, qu'elle manquait quelquefois de débouchés, et qu'à des époques plus éloignées, elle ne produisait pas assez pour nourrir sa population.

Dans le cours de ses besoins, pour peu qu'ils s'aggravent, l'économie ni les privations ne peuvent la sortir d'embarras ; elle est forcée de faire des emprunts, et, manquant de crédit, elle s'adresse à l'usure qui la conduit aux emprunts hypothécaires. Dans ce cas, ce n'est pas par elle-même qu'elle agit, c'est comme propriété, et par cette confusion elles se ruinent toutes deux.

La propriété qui emprunte par hypothèque perd de sa valeur morale, et bientôt de sa valeur réelle. Ses produits peuvent être les mêmes : il semble toujours qu'ils soient moindres, ne faisant plus l'aisance de son possesseur. L'acte d'aliénation de sa propriété lui donne une idée fâcheuse de ses engagements, et il ne tarde pas à s'apercevoir qu'il ne pourra les acquitter par des moyens ordinaires : c'est que la propriété vit et ne produit pas.

Cette vérité est sensible; elle ne produit que par le travail qui est l'agriculture; il n'y a donc qu'elle et ses travaux qui doivent être secourus par des avances. Par ses productions, toujours renouvelées, elle peut faire des emprunts et les acquitter ; mais ils doivent encore être faits à des intérêts modérés.

Ainsi, l'agriculture qui se mêle à la propriété

pour faire des emprunts, détruit elle-même ses propres espérances. La propriété doit seule faire ses affaires, et si nous admettons qu'elle peut faire des emprunts hypothécaires, nous dirons qu'ils doivent être rares.

DES AMÉLIORATIONS A FAIRE.

L'esprit de notre époque porte l'agriculture aux améliorations; elle sait qu'elle peut faire mieux, là où elle se distingue même de tant de contrées de la France, et, pour y parvenir, elle forme des fermes modèles dans les départements à grande culture pour être imitée par les autres selon les besoins de chacun d'eux.

Personne n'ignore que plus on donne à la terre, plus elle est généreuse dans ses récompenses. Aucun travail n'est perdu, pour elle ni pour celui qui le fait. Si quelquefois ses produits sont tardifs, ils ne sont jamais trompeurs.

Il ne manque souvent à un terrain, pour produire d'abondantes récoltes, que d'être assaini. L'assainissement de ce terrain influe sur la bonne santé du pays et sur la fertilité du champ voisin qui en souffrait auparavant. Si l'agriculture veut faire des défrichements, des prairies nouvelles, des assolements nouveaux, faire des plantations, augmenter les engrais et ses troupeaux, réparer ou agrandir les bâtiments d'exploitations, elle ne peut faire toutes ces choses que par des dépenses plus qu'ordinaires.

Les richesses de l'agriculture sont toutes dans ses travaux et dans les améliorations qu'elle peut faire; et si on les prend isolément pour en faire ressortir les avantages, on n'a qu'à voir ce que peuvent produire quelques arpens de terre bien cultivés, la famille nombreuse qu'ils peuvent nourrir dans l'aisance, et la valeur qu'ils acquièrent. Aucune partie de cette propriété ne reste sans produire une ou deux fois par an et toujours en abondance, par les soins qu'on lui donne.

Sous un autre rapport, on n'a qu'à remarquer ce que peut produire l'industrie agricole appliquée à une ferme bien tenue, peuplée de beaucoup d'élèves bien soignés, mettant une grande diversité dans ses produits, et on trouvera que le prix de ses blés ou de ses vins n'en dépasse pas la valeur.

Ces différents produits font la fortune des cultivateurs, et assurent au propriétaire le paiement de ses fermages. Par ces produits encore, l'homme qui travaille la terre, qui l'arrose de ses sueurs, peut au moins joindre à son pain un peu de viande dont la substance répare l'emploi de ses forces. Il voit que tout n'est pas ingratitude pour lui, et ne se plaint plus de son sort.

Il est vrai que les campagnes ont amélioré leur nourriture, qu'on y est mieux habillé, et qu'en général on commence à y connaître les agréments de la vie ; mais elles le doivent aux progrès agricoles qui se sont faits, et s'ils devenaient plus sensibles, toutes ces améliorations seraient plus grandes.

DES GARANTIES DE L'AGRICULTURE ET DU CRÉDIT.

Sans moyens de crédit, l'agriculture ne peut faire que de faibles avances à ceux qui sont les plus gênés. Elle offre cependant des garanties d'autant plus sûres qu'elles ne peuvent périr, tenant au sol qu'elle féconde et aux populations qu'elle nourrit. Ses intérêts ne changent point ; ce qu'elle possède un jour, elle le possède l'autre. Mais il n'en est pas de même de la plupart des autres industries, étant exposées continuellement à disparaître pour faire place à de nouvelles créations, et ceux qui les ont aidées par des avances, ne peuvent qu'y perdre.

Les faibles capitaux que possède l'agriculture sont sans reproduction, et se trouvent ainsi absorbés par les besoins ordinaires avant qu'elle puisse faire de véritables améliorations. Il y a donc manque de numéraire dans les campagnes, et celui qui s'y trouve y est encore resserré par une prévoyance qui semble excusable.

L'Angleterre en a infiniment peu, comparativement aux valeurs dont elle fait usage dans ses différentes industries, et on ne conteste pas ses richesses. L'Espagne, au contraire, en a beaucoup, et cependant elle est misérable, quoiqu'il n'y ait entre elles que la différence du crédit. En France même il y a des provinces qui en ont beaucoup; mais ne le reproduisant pas par une circulation utile, elles n'en retirent que peu d'avantages.

DES BANQUES EN GÉNÉRAL.

Le crédit se fonde et se développe par les banques. Par elles, le signe monétaire est augmenté, des crédits sont ouverts, et des bénéfices sont réalisés; par elles la fortune se multiplie et se communique partout. Mais toutes n'ont pas eu une bonne organisation; plusieurs sont sorties des limites dans lesquelles elles auraient dû rester. Mieux conçues à présent et mieux comprises, elles font la prospérité du commerce qu'elles protégent. Quant à leur prospérité particulière, elle se mesure sur la connaissance qu'elles ont des garanties qu'elles doivent demander, et les intérêts qu'elles doivent secourir.

Le système des banques est applicable à toutes les industries, et le temps viendra où toutes auront la leur : nous dirons plus, la fortune industrielle de la France demande ce nouveau progrès.

BANQUE AGRICOLE.

L'agriculture a d'autres besoins et d'autres positions que le commerce. Il faut à celui-ci des Banques de plusieurs degrés. Ses bénéfices sont en raison des chances qu'il veut courir. De son essence il est aventureux, et souvent il fait des spéculations qui le ruinent. L'agriculture n'a que des besoins connus qu'elle peut avouer, et n'a d'autre ambition que de prospérer lentement pour ne pas s'exposer à faire des pertes. L'amour de ses paisibles travaux occupe toutes ses pensées, et ne se tourmente pas pour des bénéfices qui sont moins qu'assurés.

A deux industries si différentes, il faut un autre crédit et un autre mode de banque. Jusqu'à présent l'agriculture n'a point cherché à se créer un crédit par les difficultés qu'elle y entrevoyait, ou par insouciance. Placée loin du mouvement des capitaux, elle ne pouvait aller jusqu'à eux; et si on lui a donné des conseils d'amélioration, on ne lui a pas dit par quels moyens elle pourrait les faire. Suivant nous, ce n'est que par des avances.

Pénétrés de cette idée, nous avons conçu le projet d'une Banque agricole dont le fonds social, roulant toujours sur lui-même, formât un crédit permanent à l'agriculture. Nous avons médité plusieurs combinaisons pour concilier ses intérêts avec ceux des capitalistes, ses garanties avec ce qu'elle peut accorder sans répugnance, les moyens d'exécution avec ce qui peut être autorisé par le gouvernement; nous avons enfin co-ordonné cette entreprise de crédit et de bienfaits, avec sagesse. Sans faire valoir le temps que nous avons donné à ces méditations, et la justice que nous avons mise à défendre tous les intérêts et toutes les convenances, nous osons dire que cette Banque sera de la plus grande importance. Les détails de son exécution ne peuvent se trouver dans ce travail; mais nous en indiquerons les bases pour les faire connaître dans leurs résultats.

ASSOCIATIONS SOLIDAIRES.

Nous trouvons les garanties de l'agriculture dans ses travaux et dans la position hypothécaire des emprunteurs, et pour les fermiers dans la nature de leurs baux.

Les propriétaires dont les biens seront libres n'auront qu'à donner leur solvabilité; ceux qui les auront grévés du huitième de leur valeur se réuniront par deux en associations solidaires; ceux qui les auront grévés du quart, par trois; et ceux qui les auront grévés de la moitié devront être quatre. Au-delà de cette progression, la Banque exigera un nombre de sociétaires plus élevé.

Les associations solidaires formées entre fermiers le seront par trois membres, si le cheptel, les semences et le faire valoir leur appartiennent; et d'un plus grand nombre, s'il n'en était pas ainsi, jusqu'à ce que la Banque y vît toutes ses garanties.

Par ces associations, l'agriculture s'ouvrira un crédit de dix fois le montant de l'impôt foncier réuni. Le crédit sera personnel aux sociétaires; mais, par convention, la différence pourra être répartie entre tous les membres de la même société.

La valeur des biens sera fixée par le montant de l'impôt multiplié par cinq pour avoir le revenu, et par vingt-cinq pour connaître cette valeur; de sorte que chacun connaîtra d'avance sa position pour emprunter.

Ces associations auront toute l'utilité du crédit, et le but moral de faire naître de nouveaux rapports d'estime entre des parents et des amis. L'empressement qu'ils mettront à les former est d'autant plus certain, que des besoins réels les auront préparées.

Nous exigeons les biens libres ou des associations solidaires, pour ne laisser aucun doute sur la bonté des garanties qui seront données à la Banque; car il importe que l'agriculture justifie d'avance la confiance qui lui sera accordée, afin que la Banque elle-même forme son crédit sur une grande échelle.

Les associations solidaires répondront des crédits qui seront ouverts, non de cette exactitude rigoureuse qui consiste à payer à jour fixe les engagements souscrits, mais de garantir la solvabilité des emprunteurs ayant pourvu par des renouvellements nécessaires à cette exactitude.

La solidarité demandée par ces associations est réglée par les inscriptions hypothécaires, sans vouloir prendre rang d'abord après ceux-là. Nous l'entendons d'une manière plus confiante : c'est comme caution de l'agriculture que la propriété doit intervenir dans le cas peu probable que quelques emprunteurs fissent abus de leurs crédits. Ce cautionnement ne portera donc pas la condition expresse de prendre hypothèque, puisque le droit ne sera que conditionnel et tout en faveur de l'agriculture, si elle reste dans ses garanties.

Ce n'est donc que dans la supposition contraire, qu'il serait pris inscription pour les sommes qui seraient dues à la Banque, après qu'elle aurait notifié à une association son refus de proroger ses crédits, ne les voyant plus suffisamment justifiés.

ESCOMPTES.

La Banque agricole fera ses escomptes à cinq pour cent l'an, et demi pour cent de commission pour chaque effet à quatre mois, escompté ou renouvelé. Toutes les valeurs devront provenir de l'agriculture ou de son industrie, des dépôts de ses produits, ou de ceux des actions de la Banque.

Chaque partie d'emprunt sera isolée, pour être acquittée par tiers, de quatre mois en quatre mois; ce qui nécessitera des renouvellements. Si les emprunteurs ne font pas d'abord usage de tout leur crédit, et la Banque les y engagera, ils pourront mettre toujours de l'exactitude dans leurs paiements, par de nouveaux emprunts combinés avec l'échéance de leurs billets, ou par les ventes de leurs produits.

Ce mode de paiement conviendra parfaitement à l'agriculture, ainsi que l'usage partiel et isolé de chaque emprunt; et si nous entendons que chaque partie d'emprunt soit acquittée dans l'année, nous ne demandons pas que les emprunteurs règlent leurs crédits tous les ans.

COMPTES COURANTS.

Après avoir établi la facilité des emprunts et des renouvellements, nous avons encore adopté un moyen qui rendra extrêmement facile le paiement des effets escomptés ; non-seulement parce que les emprunts seront productifs à ceux qui les feront, mais parce qu'ils seront peu coûteux par le taux des escomptes.

L'intérêt commercial le moins élevé dans les départements est de cinq pour cent, et un quart pour cent de commission, n'importe l'échéance, qui ne dépasse jamais trois mois. Ainsi, à tout prendre, il est plus élevé que celui de la Banque agricole; et cependant si les emprunteurs ont la sagesse que nous leur désirons, ils le réduiront encore d'après les comptes courants qui leur seront ouverts.

Nous avons admis ces comptes courants pour établir une compensation d'intérêts entre l'agriculture et la Banque, entre les escomptes qu'elle fera, et les avances qui seront faites sur les engagements à échoir. Nous les avons aussi admis pour donner de l'accroissement aux économies agricoles.

L'agriculture donne et reçoit continuellement, comme toutes les industries. Si elle emploie de suite ses recettes en avances de paiement, elle paie peu d'intérêt, et elle en paiera d'autant moins que les comptes courants établissent un intérêt réciproque. D'où il doit résulter que par eux l'agriculture n'empruntera qu'à quatre pour cent, avec tous les moyens possibles de remboursement par les billets renouvelés et les acomptes qui seront reçus, portant intérêt.

Les cultivateurs et les propriétaires agricoles ne sont pas tous emprunteurs : il en est parmi eux qui font des économies, et qui, malheureusement, les laissent improductives. Ceux-là pourraient verser leurs économies, à titre de dépôt, à la Banque agricole ou à ses caisses, en ouvrant à chacun d'eux un compte courant. Ces dépôts seraient remboursés un mois après avoir été demandés, et porteraient intérêt à quatre pour cent ; mais il serait fixé à cinq, s'ils n'étaient remboursables qu'un an après.

L'effet de ces dépôts aurait encore l'avantage de donner aux capitaux que possède l'agriculture une plus grande circulation, la Banque les recevant d'une main et les donnant de l'autre.

DÉPOT DE CÉRÉALES.

Si quelque chose peut ajouter à la preuve de nos sollicitudes pour l'agriculture, c'est que nous ayons eu la pensée de donner une espèce de débouché à ses produits, lorsqu'ils en manquent, en admettant la formation de dépôts de céréales.

La question politique de ces dépôts est à présent toute résolue par les avantages reconnus de la libre circulation des grains; mais il fallait soumettre leur formation à la surveillance de la loi sur les céréales, et nous l'avons fait sans réserve.

Ces dépôts seraient un encouragement donné à l'agriculture, sans être contraires au consommateur, dont les intérêts paraissent cependant opposés, si on n'agrandit pas la question. Les grains ne tomberaient plus à bas prix, mais aussi il n'y aurait plus de grandes chertés qui ruinent ou troublent la société. Il s'ensuivrait que l'agriculteur et le consommateur resteraient à peu près dans la même situation dans les années abondantes ou disetteuses, et qu'on pourrait toujours compter, sous ce rapport, sur un produit et une dépense ordinaires.

Le gouvernement, qui doit protéger tous les intérêts, ne peut trouver dans la formation de ces dépôts qu'un avantage pour tous, et en accueillir conséquemment la pensée. Ses vues élevées ne se portent pas sur des agglomérations de grains faites sur un point plutôt que sur un autre, mais de leur rapport avec le commerce extérieur.

Différents de ceux que forme le commerce, ces dépôts seront d'une sage prévoyance, sans but intéressé, et différents encore de toutes ces consignations précédées de ventes conditionnelles, qui se réalisent presque toujours : ces dépôts, en un mot, ne seront qu'un déplacement nécessaire et un moyen de plus de crédit.

Le commerce forme ses dépôts sur les points qu'il croit le plus utile à ses intérêts : il les tient fermés tant qu'il veut, sans avoir égard aux besoins qui se manifestent. Les dépôts agricoles seront formés dans les départements où les grains auront été récoltés, afin qu'ils soient toujours sous les yeux des consommateurs, jusqu'à ce qu'ils leur soient livrés par les propriétaires ou le commerce: et ils seront clos aussitôt que l'exportation des grains sera défendue.

DÉPOTS DE VINS ET EAUX-DE-VIE.

Il y a un autre produit agricole qui manque souvent de débouché, et qui fait la fortune ou les embarras de ceux qui les produisent; ce sont les vins. Il en sera également formé des dépôts auxquels on pourra joindre les eaux-de-vie; mais, comme leur déplacement, leur garde et leur conservation entraînent d'autres frais et d'autres conséquences, ces dépôts seront fictifs, confiés aux producteurs eux-mêmes, et représentés, au besoin, par des associations solidaires.

Ainsi que les dépôts de céréales, les dépôts de vins et eaux-de-vie ne seraient formés que lorsque les débouchés leur manqueraient, et que les prix seraient peu élevés.

Nous ne ferons pas ressortir les avantages de ces dépôts fictifs ; ils se conçoivent trop pour n'être pas promptement appréciés dans plusieurs de nos départements.

FONDS SOCIAL.

Nous devions donner au fonds social de sages limites, plutôt que les apparences d'une fiction qui pouvaient se justifier par l'importance des besoins que la Banque devra satisfaire ; mais nous avons pensé qu'il convenait mieux de le faire progressif, en partant de deux millions cinq cent mille francs, pour être ensuite augmenté d'un million par une caisse agricole, qui sera organisée après les deux premières.

Il y aura prudence et mesure dans cette augmentation successive du fonds social; et s'il n'en était pas ainsi, la Banque se créerait des obstacles pour le former, en même temps qu'elle se chargerait d'intérêts onéreux.

Ce fonds social ne peut être formé que par actions de mille francs, portant intérêt à cinq pour cent et ayant droit à un dividende sur les bénéfices. Nous pourrions leur accorder une prime en apparence plus encourageante; mais nous dédaignons des moyens devenus vulgaires, pour rester dans notre simplicité ; seulement, il sera accordé aux actionnaires la faculté d'emprunter à la Banque agricole ou à ses caisses la moitié du montant de leurs actions.

FONDS AUXILIAIRE.

Ayant fait nos calculs sur les besoins de l'agriculture, en prenant pour base les cas fortuits, les améliorations qu'elle devrait faire, l'aisance dont elle devrait jouir, et le chiffre de l'impôt foncier réuni, dont la moyenne est d'environ trois millions par département; le tout combiné avec le crédit de dix fois le montant de l'impôt, et la supposition certaine qu'il y aura constamment la sixième partie de cet impôt à secourir, nous avons dû ajouter au fonds social un fonds auxiliaire.

Les Banques organisées par une loi spéciale, sans la faculté d'émettre un papier de circulation ne portant point d'intérêt, n'auraient aucune durée à cause des pertes attachées aux fonds en caisse. Cette faculté est une source de richesses pour le pays qui sait l'apprécier, mais qui ne peut s'étendre que par la progression croissante du crédit.

Ainsi que ces Banques, nous aurons une valeur de circulation par des bons de caisse payables à vue au porteur, après deux mois de date, avec intérêt à cinq pour cent pendant ces deux mois. Cette dernière condition est juste et nécessaire.

Il fallait rendre ces bons de caisse d'une circulation facile, en les appropriant aux transactions les plus usuelles des campagnes, et poser une règle invariable à leur émission.

Nous avons donc fixé ces bons de caisse à vingt-cinq, cinquante, cent, et deux cents francs, payables par la caisse agricole qui les aura émis, et par ses comptoirs, et il ne sera permis que d'en donner un tiers pour valeur d'escompte aux emprunteurs.

Ces valeurs de circulation auront leur garantie morale et matérielle: morale, étant payables deux mois avant l'échéance des effets pour lesquels ils auront été donnés; et matérielle, devant toujours être représentés par une égale somme de valeur en portefeuille, et enfin par l'actif de la Banque agricole. Nous ne pouvions ajouter aucune autre garantie à la confiance que doivent inspirer ces bons de caisse.

PUISSANCE DE LA BANQUE.

Nous ne serions pas compris, si on pensait que nous désirons secourir l'agriculture en mettant soixante-dix à quatre-vingt millions à sa disposition. Cette somme serait bientôt dissipée par d'autres besoins sans même qu'il eût été fait quelques améliorations. Ce que nous voulons faire pour elle, c'est de la faire jouir du crédit mobile et puissant de la Banque, et rien de plus; nous voulons que, par l'usage des crédits, elle pourvoie à ses besoins, mais qu'elle n'en remplisse pas les vides inutiles.

L'agriculture ne doit pas constamment payer des intérêts; ses récoltes annuelles et ses divers produits couvrent toujours par moments ses besoins. Pendant ce temps, elle doit régler ses comptes avec elle-même et les solder. Si de nouvelles avances sont ensuite nécessaires, elle a recours au crédit qui lui est accordé, et paye ainsi peu d'intérêts, quoique ayant toujours sous la main l'argent indispensable à ses exploitations ou à son industrie. C'est ainsi que doit être conduite la bonne administration de l'agriculture.

D'après ce que nous venons de dire, et que nous voudrions pouvoir mieux exprimer, c'est par un grand crédit que l'agriculture doit sortir des embarras qui arrêtent ou gênent ses progrès, plutôt qu'une grande possession de capitaux; mais pour créer et rendre son action puissante nous avons dû recourir à la création des bons de caisse qui en feront le ressort le plus précieux comme le plus actif.

Nous n'indiquerons ici que les résultats de ce crédit accordé par la Banque, et nous pourrions les porter plus haut : il sera fait annuellement pour cinq cents millions d'escomptes à quatre mois, et trois cents quarante millions de renouvellements. Si on ajoute à ce mouvement de capitaux celui de l'impulsion qu'il faudra donner à toutes les parties de l'administration de la Banque, nul doute qu'on ne voie, dans cet établissement de crédit agricole, tous les moyens nécessaires pour réaliser les espérances qu'on promet à présent de toutes parts à l'agriculture.

Dans l'espoir que nous en avons conçu nous mêmes, qu'il nous soit permis de dire que l'aisance se répandra en peu d'années dans les campagnes en encourageant le travail; que l'agriculture sera plus honorée; que l'oisiveté sera sans motif et la probité plus commune; que l'amour des champs, si rempli de douceurs, se propagera pour donner une existence plus heureuse et plus utile à des milliers de jeunes gens qui ne savent où trouver un avenir.

La prospérité que nous osons promettre à l'agriculture profitera à l'industrie en général. L'administration de la Banque sera considérable et fort importante par ses dépenses nécessaires. Il y aura dans chaque département une caisse agricole et trois à quatre comptoirs qui feront autant de petites maisons de Banque ou de crédit. Ce sera donc un mouvement industriel de plus, et surtout honorablement utile, puisque ce crédit ne sera pas moins de six à sept millions par département. Son mécanisme sera simple et à la vue de tous si on veut l'approfondir par quelque examen.

PERSONNEL.

Le personnel de la Banque agricole sera composé d'hommes dont les principes se rattacheront à la prospérité de l'agriculture, pour se concilier avec les bénéfices d'un généreux travail. Comme nous les professons nous-mêmes, nous en ferons une condition première à ceux que nous nous adjoindrons pour l'exécution de notre projet.

La Banque sera représentée par une direction générale, formée d'un directeur général et de deux directeurs adjoints. Dans les départements, il y aura des directeurs et sous-directeurs ou chefs de comptoirs, pour former les caisses agricoles.

CONSEILS.

Deux conseils seront formés pour la Banque, l'un d'agriculture et l'autre d'administration.

Les membres de ces deux conseils, dont les fonctions seront gratuites, répondront par leur mérite et leur position sociale de la bonne et loyale gestion de cet établissement de finance agricole.

Chacune des caisses de département aura son conseil particulier, composé de trois fonctionnaires publics non rétribués, et de quatre actionnaires. Nous croyons devoir les organiser ainsi pour qu'il y ait une plus grande surveillance sur la conservation des dépôts de fonds et des produits agricoles, ainsi que sur l'émission des bons de caisse, toutes choses qui doivent intéresser le gouvernement.

MUTUALITÉ CONTRE LES CAS FORTUITS.

Pour compléter l'utilité de la Banque agricole, pour en faire le principe général de la prospérité de l'agriculture, nous avons pensé qu'elle pourrait étendre les avantages de sa création jusqu'à la mutualité contre les cas fortuits.

La Banque ne ferait pas un objet de bénéfice de cette disposition; elle ne serait que le centre, le moyen de parer à des pertes accidentelles qui doivent être toujours couvertes par un secours extraordinaire, ce sont surtout celles qui proviennent des grêles, de grands orages, ou de la mortalité des bestiaux.

Comme nous l'entendons, les propriétaires et les cultivateurs se réuniraient par commune, et souscriraient, selon l'impôt ou la nature de leurs productions, pour former un capital déterminé par eux, par le moyen duquel il serait accordé des indemnités à ceux qui auraient éprouvé des pertes évidemment prouvées. Ces indemnités ne seraient pas l'équivalent des pertes qu'on aurait faites, ainsi qu'on l'exige des compagnies d'assurance, mais d'après le capital formé par les souscriptions annuelles, accrues par les intérêts.

Cette mutualité aurait ses bornes posées d'avance et serait toute gratuite dans la participation que pourrait y prendre la Banque, puisqu'elle ne serait que la dépositaire des fonds qui lui seraient confiés, et dont elle rendrait compte à la société d'agriculture du département, ou à tout autre pouvoir qui serait désigné.

La répartition de ces indemnités serait faite d'après le mode qui serait adopté par une commission composée de cinq membres du conseil général et de quatre de la société d'agriculture. La Banque payerait les mandats tirés sur elle pour cet objet, et dans certains cas, elle pourrait faire quelques avances.

RÉSUMÉ.

Nous ne dirons pas que notre travail est parfait, mais il est consciencieux. Tous les besoins ont été consultés, et tous les intérêts ont été défendus;

nous avons fixé les escomptes à un taux peu élevé, et rendu les remboursements faciles par les comptes-courants qui seront ouverts; nous avons combiné un grand mouvement de fonds et assurés des bénéfices aux actionnaires, mais ce n'est qu'après avoir fait bien des rapprochements que nous avons arrêté les bases de la Banque; nous avons créé un moyen sans inconvénient de procurer des avances aux produits agricoles, et en procurant des capitaux à l'agriculture par un crédit constant, nous avons voulu détruire l'usure qui cherche à l'appauvrir.

Le gouvernement, juge éclairé des choses utiles, approuvera sans doute nos intentions et les dispositions d'un travail qui améliorera de nombreuses existences, qui adoucira les mœurs et calmera les passions qui nous agitent, en répandant bientôt une plus grande aisance.

Le directeur-adjoint, auteur du projet, chargé de l'organisation des caisses agricoles.

AUGUSTE BONNAL,
Rue Grange-Batelière, 26.

MODÈLE d'un acte d'association solidaire entre deux propriétaires.

Pardevant nous, notaire, etc.,

Furent présents le sieur Pierre B., propriétaire, commune de ..., arrondissement de ..., d'une part,

Et Jean-François D..., aussi propriétaire, commune de ...., arrondissement de ..., d'autre.

Après leur avoir donné lecture des statuts de la Banque agricole formée à Paris avec des caisses dans le chef-lieu de département et des comptoirs dans les sous-préfectures, ils ont déclaré vouloir former une association solidaire pour s'ouvrir un crédit de dix fois le montant de leur impôt à la Caisse agricole de ce département, et ont convenu et arrêté ce qui suit :

I.

Qu'ils se garantissent réciproquement pendant.... ans leur crédit personnel, et au besoin qu'il sera par moitié entre eux après en avoir fait la déclaration à la Caisse agricole; que pour garantie des emprunts qu'ils feront, ils souscriront séparément des billets à ordre payables à quatre mois de date, et dont les deux tiers de la somme seront renouvelés pour être acquittés par moitié, de quatre mois en quatre mois, afin que la totalité de l'emprunt soit soldée dans l'année.

II.

Qu'en outre de cette garantie, ils accordent et confèrent présentement le droit à la Caisse agricole de prendre inscription hypothécaire sur leurs biens, mais pour n'en faire usage qu'autant qu'ils manqueraient au paiement de leurs billets après les renouvellements convenus, ou ceux que la Caisse jugerait à propos d'accorder après ceux-là, et ils consentent d'avance, pour ne pas entraver l'exécution de cette promesse, à ce que toutes inscriptions soient prises sans autres poursuites que la signification des non-paiements.

III.

Que pour ne laisser aucun doute sur le montant des inscriptions prises sur leurs biens, ils déclarent qu'elles ne s'élèvent pas à la huitième partie de leur valeur, en prenant pour règle de cette fixation l'impôt foncier réuni qu'ils payent, multiplié par cinq pour le revenu, et celui-ci par vingt-cinq, pour déterminer cette valeur; et déclarent que Pierre B... paie d'impôt cinq cents vingt-trois francs cinquante centimes, et Jean-François D... quatre cent cinquante francs vingt centimes, apert d'une part les bordereaux du percepteur, et de l'autre ceux de la conservation hypothécaire.

IV.

Qu'enfin, pour ne pas rendre illusoire le droit conditionnel d'inscription, ils s'obligent à ne faire aucune vente de leurs biens, ni d'autoriser aucune inscription, sans déléguer l'obligation de payer à la Caisse agricole le montant des sommes dont ils seraient ses débiteurs, se soumettant, s'ils y manquaient, à l'exercice contre eux de l'article 2059 du Code civil.

Donné lecture, etc.

Nota. A l'égard des fermiers, au lieu de conférer le droit d'inscription hypothécaire, ils donneraient celui que les lois permettent pour la saisie des cheptels, récoltes et faire valoir.

STATUTS.

www.ingramcontent.com/pod-product-compliance
Ingram Content Group UK Ltd.
Pitfield, Milton Keynes, MK11 3LW, UK
UKHW021531260726
13993UKWH00004B/1926

9 782329 418780